Petit monde vivant

Les INSECTES
Utiles ou nuisibles?

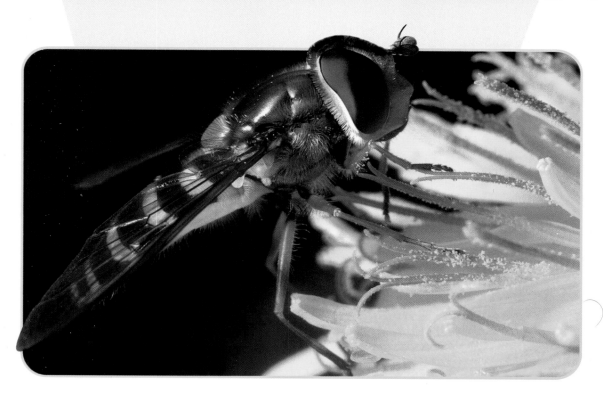

Molly Aloian et Bobbie Kalman

Traduction : Marie-Josée Brière

Les insectes. Utiles ou nuisibles ? est la traduction de *Helpful and Harmful Insects* de Molly Aloian et Bobbie Kalman (ISBN 0-7787-2375-2).
© 2005, Crabtree Publishing Company, 612 Welland Ave., St. Catharines, Ontario, Canada L2M 5V6

Catalogage avant publication de Bibliothèque et Archives nationales du Québec et Bibliothèque et Archives Canada

Aloian, Molly

    Les insectes : utiles ou nuisibles ?

    (Petit monde vivant)
    Traduction de : Helpful and harmful insects.
    Comprend un index.
    Pour enfants de 6 à 10 ans.

    ISBN 978-2-89579-287-1

1. Insectes utiles - Ouvrages pour la jeunesse. 2. Insectes nuisibles - Ouvrages pour la jeunesse. I. Kalman, Bobbie, 1947- . II. Titre.
III. Collection: Kalman, Bobbie, 1947- . Petit monde vivant.

SB931.3.A4614 2010   j595.716′3   C2009-942609-9

Recherche de photos
Crystal Foxton

Conseillère
Patricia Loesche, Ph.D., Programme de comportement animal, Département de psychologie, Université de Washington

Remerciements particuliers à Virginia Mainprize, Aimee Lefebvre et Alissa Lefebvre, ainsi qu'aux Centers for Disease Control and Prevention (CDC)

Illustrations
Barbara Bedell : pages 10, 27 (moustique) et 31 (fleur)
Katherine Kantor : page 5 (libellule)
Vanessa Parson-Robbs : pages 7, 17 (bougie), 20, 21, 27 (pou) et 31 (bougie)
Margaret Amy Reiach : pages 5 (fourmi), 11 et 25 (loupe)
Bonna Rouse : pages 5 (abeille), 9, 13, 14, 17 (abeilles), 23, 25 (puce), 27 (puce) et 31 (sauf bougie et fleur)

Photos
Bruce Coleman Inc. : Robert Gossington : page 28
© CDC : James Gathany : page 26
Omni Photo Communications Inc./Index Stock : page 15
Bobbie Kalman : page 21
James Kamstra : page 19 (en haut)
Robert McCaw : pages 10, 11, 12 (en bas) et 20
Minden Pictures : Mitsuhiko Imamori : page 29 (en bas)
© stephenmcdaniel.com : pages 17 et 23
Autres images : Brand X Pictures, Corel, Digital Stock, Digital Vision, Otto Rogge Photography et Photodisc

Nous reconnaissons l'aide financière du gouvernement du Canada par l'entremise du
Programme d'aide au développement de l'industrie de l'édition (PADIÉ) pour nos activités d'édition.

 Conseil des Arts   **Canada Council**
du Canada   for the Arts

Bayard Canada Livres Inc. remercie le Conseil des Arts du Canada du soutien accordé à son
programme d'édition dans le cadre du Programme des subventions globales aux éditeurs.

Cet ouvrage a été publié avec le soutien de la SODEC.
Gouvernement du Québec – Programme de crédit d'impôt pour l'édition de livres – Gestion SODEC.

Dépôt légal –
Bibliothèque et Archives nationales du Québec, 2010
Bibliothèque et Archives Canada, 2010

Direction : Andrée-Anne Gratton
Graphisme : Mardigrafe
Traduction : Marie-Josée Brière
Révision : Johanne Champagne

© Bayard Canada Livres inc., 2010
4475, rue Frontenac
Montréal (Québec)
Canada H2H 2S2
Téléphone : (514) 844-2111 ou 1 866 844-2111
Télécopieur : (514) 278-0072
Courriel : edition@bayardcanada.com
Site Internet : www.bayardlivres.ca
Fiches d'activités disponibles sur www.bayardlivres.ca

Imprimé au Canada

Table des matières

Qu'est-ce qu'un insecte?

Les insectes sont des invertébrés. Ce sont des animaux qui n'ont pas de colonne vertébrale. Une colonne vertébrale, c'est une série d'os au milieu du dos d'un animal.

Des arthropodes

Les insectes font partie du grand groupe des arthropodes. Ce sont des invertébrés qui ont une carapace dure appelée «exosquelette». Cet exosquelette recouvre leur corps tout entier, même leurs pattes et leur tête. Il les protège comme une armure.

L'exosquelette des insectes est fait d'une matière dure appelée «chitine» (on prononce «kitine»).

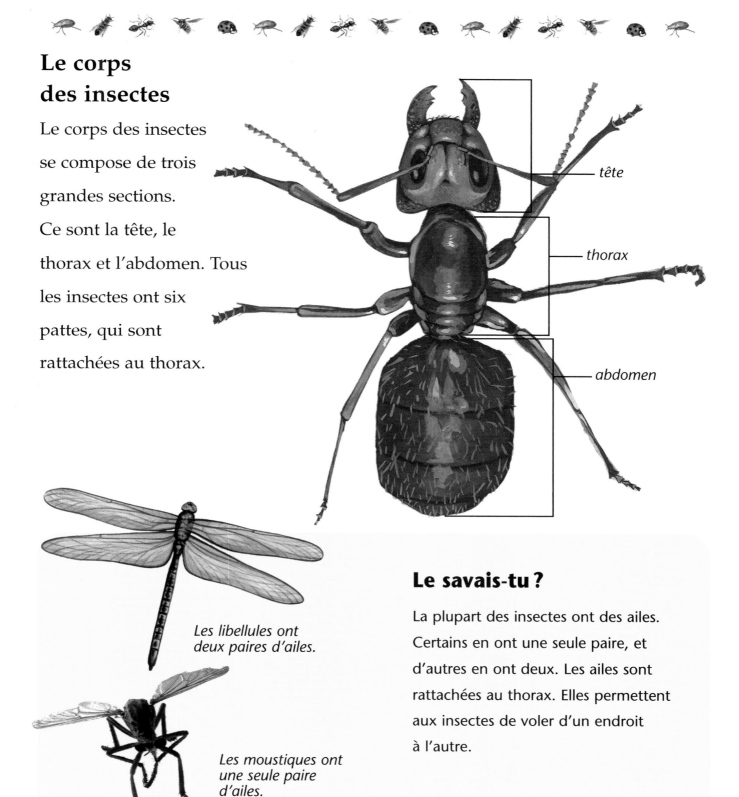

Le corps des insectes

Le corps des insectes se compose de trois grandes sections. Ce sont la tête, le thorax et l'abdomen. Tous les insectes ont six pattes, qui sont rattachées au thorax.

tête

thorax

abdomen

Les libellules ont deux paires d'ailes.

Les moustiques ont une seule paire d'ailes.

Le savais-tu ?

La plupart des insectes ont des ailes. Certains en ont une seule paire, et d'autres en ont deux. Les ailes sont rattachées au thorax. Elles permettent aux insectes de voler d'un endroit à l'autre.

5

Utiles ou nuisibles?

Il y a beaucoup d'insectes qui sont utiles pour les autres créatures vivantes. Par exemple, de nombreux animaux se nourrissent d'insectes. S'il n'y avait pas d'insectes, ces animaux n'auraient pas assez à manger! Les insectes sont utiles aussi pour les plantes. Certaines plantes ont besoin du **pollen** d'autres plantes de la même espèce pour fabriquer les graines nécessaires à leur reproduction. Les insectes comme les abeilles et les papillons transportent ce pollen d'une plante à l'autre.

Des insectes nuisibles

Les insectes ne sont cependant pas tous utiles pour les autres créatures vivantes. Par exemple, nous jugeons que certains insectes sont nuisibles parce qu'ils mangent les cultures, c'est-à-dire les plantes que les humains font pousser pour se nourrir. C'est ce qu'on appelle des insectes « ravageurs ». Il y a aussi des insectes qui piquent.

*Les coquerelles, ou blattes, ne sont pas les bienvenues quand elles vivent dans les maisons. Ces insectes transportent parfois des **microbes** qui peuvent rendre les gens malades.*

Les guêpes sont des insectes piqueurs. La plupart des gens s'en tiennent loin parce qu'ils ne veulent pas se faire piquer.

7

Manger ou se faire manger

Les insectes herbivores mangent beaucoup de plantes ! La plupart du temps, ils prennent seulement une partie de ces plantes. Certains se contentent des feuilles, alors que d'autres se nourrissent de tiges ou de fleurs.

Tous les animaux doivent manger pour survivre. Ceux qui mangent des plantes s'appellent «herbivores». Ceux qui mangent d'autres animaux portent le nom de «carnivores». Et ceux qui mangent à la fois des plantes et des animaux sont des «omnivores».

Que mangent les insectes ?

Les sauterelles et les grillons, par exemple, sont des herbivores. Ils mangent des feuilles et des tiges. Les mantes religieuses (comme celle qu'on voit à gauche) sont carnivores, tout comme certaines mouches. Elles se nourrissent d'autres animaux, y compris des insectes ! Les fourmis, elles, sont omnivores. Leur alimentation se compose de plantes et d'autres animaux.

Et qui mange des insectes?

Les libellules et les guêpes sont
des insectes qui mangent d'autres
insectes. Les araignées, les scorpions,
les musaraignes, les chauves-souris,
les oiseaux, les grenouilles et les
lézards se nourrissent
aussi d'insectes. Sans
insectes, ces animaux
n'auraient pas assez
à manger.

Beaucoup d'araignées mangent des insectes.
Celle-ci a capturé un papillon de nuit dans
sa toile.

Le savais-tu?

Il existe des plantes carnivores, qui se
nourrissent d'insectes. Les sarracénies
pourpres et les dionées attrape-mouches,
par exemple, capturent des mouches, des
guêpes et des fourmis pour les manger.

La base des feuilles de cette sarracénie pourpre
forme une poche remplie de liquide. Les insectes
tombent dans ce liquide et s'y noient.

Ces pucerons sucent la sève d'une asclépiade. Quand ils auront pris toute sa sève, la plante mourra.

Le contrôle des ravageurs

Certains insectes aident les humains et les autres créatures vivantes en mangeant les ravageurs. Sans eux, il y aurait beaucoup trop de ces insectes nuisibles !

Coccinelles à la rescousse !

Les coccinelles sont utiles parce qu'elles mangent des pucerons. Les pucerons sont de minuscules insectes qui sucent la **sève** des plantes. Certaines personnes considèrent ces insectes comme des ravageurs parce qu'ils mangent les plantes cultivées. Les pucerons se nourrissent aussi d'asclépiades, qui sont une importante source d'alimentation pour d'autres insectes. En mangeant des pucerons, les coccinelles aident toutes ces plantes à survivre.

Au menu des chenilles

Les monarques sont des papillons qui pondent leurs œufs uniquement sur des feuilles d'asclépiades. Les chenilles qui sortent ensuite de ces œufs ne mangent que des asclépiades.

De l'aide pour les monarques

Les coccinelles aident les monarques et leurs chenilles en mangeant des pucerons. Sans elles, les papillons de cette espèce n'auraient peut-être pas d'endroits pour pondre leurs œufs. Et les chenilles n'auraient pas assez d'asclépiades à manger.

Les chenilles de monarques doivent manger des asclépiades pour devenir des papillons!

Les nettoyeurs

Ce scarabée terrassier est un détritivore.
Il mange le corps d'un animal mort.

Les détritivores sont des animaux qui mangent des plantes et des animaux morts ou mourants. Certains se nourrissent aussi d'excréments d'animaux. Ils aident ainsi à garder la nature propre. Sans eux, les déchets s'accumuleraient sur le sol. Les nouvelles plantes n'auraient peut-être pas assez de place pour pousser. De plus, les restes de plantes et d'animaux morts pourraient rendre malades d'autres créatures vivantes.

Ces mouches vertes sont des détritivores. Celles qu'on voit ici mangent un poisson mort.

Le savais-tu ?

Les bousiers sont des détritivores. Ils se nourrissent d'excréments d'animaux. Les femelles pondent leurs œufs dans ces excréments. Quand les bébés bousiers, appelés « larves », sortent de ces œufs, ils commencent tout de suite à manger les excréments. Les bousiers sont des insectes utiles parce qu'ils se nourrissent d'une chose que très peu d'autres animaux mangent.

Les bousiers se servent de leurs pattes pour rouler les excréments d'animaux en boules compactes. Les femelles pondent ensuite leurs œufs dans ces boules. Les larves qui sortent de ces œufs n'ont pas besoin d'aller loin pour trouver leurs premiers repas !

La pollinisation des plantes

Les insectes aident à transporter le pollen d'une plante à l'autre. C'est ce qu'on appelle la « **pollinisation** ». Quand des abeilles et d'autres insectes se posent sur des fleurs pour en boire le **nectar** ou en manger le pollen, une partie de ce pollen se transfère sur leur corps. L'abeille qu'on voit ci-dessus est couverte de grains de pollen. Quand elle ira se poser sur une autre fleur, elle y déposera ce pollen. C'est grâce à elle que la pollinisation se fera.

Couleurs et odeurs

Les plantes qui ont besoin d'insectes pour leur pollinisation ont généralement des fleurs vivement colorées et très parfumées. Les insectes savent ainsi qu'ils pourront trouver du pollen ou du nectar sur ces fleurs. En volant de fleur en fleur pour se nourrir, les insectes assurent la pollinisation de ces plantes.

Le savais-tu ?

Bon nombre des fruits et des légumes que nous mangeons proviennent de plantes dont la pollinisation doit être faite par des insectes, sans quoi elles risqueraient de ne pas pousser. C'est le cas par exemple des oranges, des oignons et des fraises.

Ce papillon se nourrit de nectar dans une fleur de pommier. En même temps, il assure la pollinisation de cette fleur. Sans pollinisation, le pommier ne pourrait pas produire de pommes.

Les abeilles laborieuses

Les abeilles ont sur la tête un long tube fin, appelé « rostre ». Elles s'en servent pour sucer le nectar des fleurs.

Certains insectes sont utiles de plus d'une façon. Les abeilles assurent la pollinisation des fleurs, par exemple, mais leur corps produit aussi du miel et de la cire. Les gens mangent ce miel et se servent de la cire pour faire des bougies, des crayons et même des bonbons !

L'élevage des abeilles

La plupart des abeilles font des nids appelés « ruches ». Les gens qui élèvent des abeilles sont des apiculteurs. Ils construisent des ruches, qu'ils regroupent en ruchers. Les abeilles quittent leur rucher pour aller recueillir du nectar de fleurs. Elles rapportent ensuite ce nectar et le transforment en miel. Ce miel nourrit toutes les abeilles du rucher.

L'entreposage de la cire

Dans le rucher, les abeilles entreposent leur miel dans de petites **alvéoles**. Chaque rucher contient des centaines de ces petites cavités. Quand les alvéoles sont pleines de miel, les abeilles les recouvrent d'un bouchon de cire.

La collecte

Quand vient le temps de prélever le miel, l'apiculteur coupe les bouchons de cire. Il ramasse ensuite le miel dans les alvéoles et il garde aussi la cire. Certains apiculteurs vendent leur miel et leur cire au marché. D'autres les vendent à des entreprises de transformation.

Les abeilles fabriquent beaucoup trop de miel pour leurs besoins ! Cet apiculteur recueille le miel et la cire dont elles ne se servent pas.

Les terrassiers

Les termites et les fourmis de certaines espèces sont utiles parce qu'ils creusent dans le sol pour construire leurs nids. Ils aident ainsi à garder le sol fertile, c'est-à-dire plein de nutriments. Les nutriments sont les substances naturelles qui aident les plantes et les animaux à grandir et à rester en santé. Les plantes poussent facilement dans un sol fertile. Elles servent ensuite de nourriture à toutes sortes d'animaux, y compris à plusieurs sortes d'insectes!

Il y a des millions de termites qui vivent dans cette termitière, en grande partie souterraine.

On mélange tout !

Les couches profondes du sol
contiennent souvent beaucoup
de nutriments. Quand les fourmis
et les termites creusent, ils poussent
ces couches profondes vers la surface. Ils
mélangent ainsi les différentes couches
de sol. Ce brassage aide à garder les
couches supérieures fertiles.

Les fourmis creusent dans le sol avec leurs pattes avant et leurs grosses pinces, qu'on appelle « mandibules ».

La fabrication de la soie

Les vers à soie sont utiles pour les humains. Quand vient le temps de se transformer en papillons, les chenilles tissent autour d'elles un **cocon** avec du fil de soie qu'elles produisent à l'intérieur de leur corps. C'est là, bien à l'abri à l'intérieur du cocon, qu'elles deviendront des adultes. Toutes les chenilles fabriquent du fil de soie pour leurs cocons, mais le fil des vers à soie est particulièrement doux. Les gens recueillent ce fil pour faire du tissu qui sert à confectionner des vêtements. Ce fil et ce tissu portent le nom de «soie».

Cette chenille de ver à soie géant est en train de s'enrouler dans un cocon.

Des animaux d'élevage

Certains vers à soie sont des animaux domestiques, dont les humains font l'élevage. C'est le cas, par exemple, des bombyx du mûrier. La plupart des vêtements de soie sont faits en usine avec du fil produit par les chenilles de cette espèce. Ce fil est brillant, solide et doux.

Ces fillettes portent des blouses de soie.

Le savais-tu ?

Une chenille de ver à soie peut filer environ 15 centimètres de soie en une minute ! Cette soie sort de sa bouche en un long fil. Les gens s'en servent pour faire des robes, des pyjamas, des foulards, des draps, des cravates ou des rideaux. Il faut plus de 1 000 cocons de soie pour fabriquer le tissu nécessaire à la confection d'une seule robe de soie !

Des piqûres douloureuses

Les insectes font beaucoup de choses utiles pour les humains. Mais ils font parfois aussi des choses nuisibles, par exemple quand ils piquent. Les insectes ne piquent toutefois que pour se protéger ou pour tuer d'autres animaux en vue de les manger.

Aïe ! Ouille !

Certains insectes piquent en enfonçant leur **dard** dans la peau de leurs victimes. Ils leur injectent ainsi du venin, un poison qui cause des démangeaisons ou une sensation de brûlure. Les piqûres d'insectes deviennent souvent rouges, enflées et douloureuses. Elles provoquent parfois une dangereuse réaction allergique.

Cette guêpe est en train de se construire un nid. Les guêpes piquent souvent les gens ou les autres animaux qui dérangent leurs nids.

Le savais-tu ?

Certains insectes piqueurs ne peuvent piquer qu'une fois. Ainsi, les abeilles meurent après une seule piqûre. D'autres peuvent piquer plus d'une fois. C'est le cas par exemple des frelons, des guêpes jaunes et des autres guêpes.

dard

Après avoir piqué une personne ou un animal, l'abeille meurt. Comme son dard est muni de crochets, il reste implanté dans le corps de sa victime. Quand l'abeille s'envole, son corps se déchire. C'est ce qui entraîne sa mort.

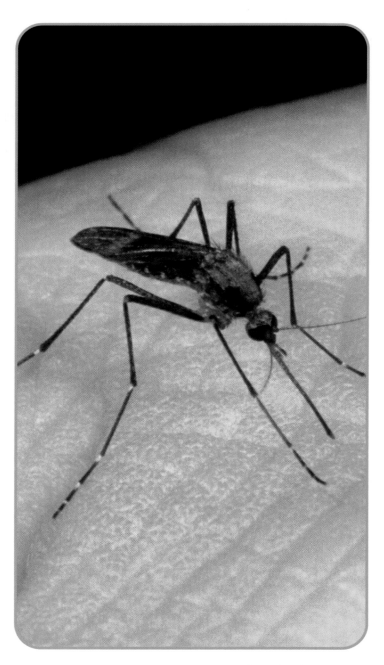

Ça pique !

Les moustiques et les puces sont aussi des insectes qui piquent les humains et les autres animaux. Leurs piqûres deviennent souvent rouges et douloureuses, comme celles des autres insectes piqueurs. Dans certains cas, les piqûres d'insectes peuvent rendre les gens et les animaux malades.

Le savais-tu ?

Chez les moustiques, seules les femelles piquent, comme celle qu'on voit à gauche. Elles doivent piquer des gens ou des animaux pour boire du sang, parce que le sang contient les nutriments dont elles ont besoin pour pondre leurs œufs.

Les moustiques ne piquent pas tous ! Seules les femelles le font.

24

De désagréables parasites

Certains insectes sont des parasites, ce qui veut dire qu'ils vivent sur la peau d'un animal ou à l'intérieur de son corps. Les êtres vivants qui abritent ces parasites sont ce qu'on appelle des «hôtes». Les parasites piquent leur hôte et se nourrissent de leur sang, ou encore d'autres substances présentes dans leur corps. Ils peuvent parfois rendre leur hôte malade, mais ils ne le font pas exprès. Comme tous les animaux, les parasites ont besoin de nourriture et d'un endroit où habiter pour pouvoir rester en vie.

Les puces sont des parasites qui vivent sur le corps des chiens et des chats. Les propriétaires de ces animaux de compagnie peuvent leur donner des médicaments pour s'assurer qu'ils n'auront pas de puces.

La transmission de maladies

Certains insectes piqueurs sont nuisibles parce qu'ils propagent des maladies. Les moustiques, par exemple, peuvent transmettre des maladies graves. Quand un moustique boit le sang d'un animal malade, il peut aspirer le microbe responsable de la maladie de cet animal. S'il pique ensuite un animal ou un humain, il va lui transmettre ce microbe.

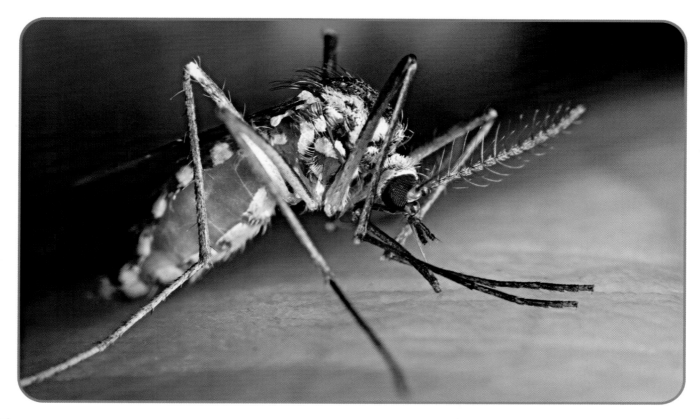

Les puces sont parfois porteuses d'une maladie. Elles peuvent alors la transmettre aux animaux et aux gens qu'elles piquent.

Le savais-tu?

Les moustiques peuvent transmettre aux humains et aux animaux des maladies dangereuses comme le typhus, le **paludisme,** aussi appelé « malaria », et le **virus du Nil occidental.** Certaines de ces maladies peuvent être traitées, mais beaucoup de gens et d'animaux en meurent.

Certaines espèces de poux peuvent propager le **typhus.** S'ils piquent des gens ou des animaux atteints du typhus, ces poux peuvent transmettre cette maladie aux autres êtres vivants qu'ils piquent par la suite.

27

Des dommages importants

Certains insectes herbivores sont nuisibles parce qu'ils mangent du bois. Ils peuvent donc détruire des arbres et des bâtiments en bois. D'autres insectes herbivores se nourrissent des plantes que les gens font pousser pour se nourrir. Ils endommagent souvent les récoltes et causent ainsi du tort aux humains.

Du bois au menu

Les termites, comme ceux qu'on voit à gauche, sont des insectes qui mangent du bois. Ils vivent à l'intérieur des arbres et des bâtiments de bois dont ils se nourrissent. Ils peuvent donc abîmer sérieusement les murs et les planchers de bois. Ils peuvent même détruire des maisons en entier!

Des récoltes ravagées

Certains insectes se nourrissent de pommes de terre, de maïs, de fruits et d'autres plantes cultivées par les agriculteurs. Ils endommagent donc les récoltes. Un essaim de sauterelles vertes, comme celui qu'on voit ci-dessous, peut manger des milliers de plantes en quelques heures. Un essaim, c'est un grand groupe d'insectes en déplacement.

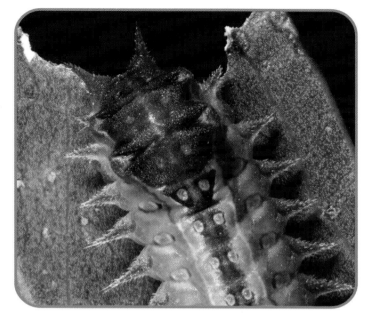

De nombreuses espèces de chenilles se nourrissent des plantes cultivées par les agriculteurs.

Les essaims de sauterelles vertes réunissent parfois des millions d'insectes. Ils se déplacent sur de grandes distances et mangent une multitude de plantes au passage.

À toi de jouer !

Les insectes peuvent parfois nous faire peur. Pourtant, ils cherchent seulement à rester en vie ! Certains d'entre eux sont nuisibles pour les humains, mais il y en a beaucoup plus qui nous sont utiles.

Répands la nouvelle !

Parle à ta famille et à tes amis des insectes utiles. Tu peux réaliser une affiche où tu montreras des images de ces insectes. Tu dresseras ensuite la liste de toutes les façons dont ces insectes peuvent être utiles aux autres créatures vivantes. Tu trouveras à la page suivante quelques conseils qui t'aideront à commencer ton projet.

Fais-moi un dessin !

Pour réaliser ton affiche, commence par choisir un ou plusieurs insectes utiles. Tu trouveras des idées dans les pages de ce livre. Tu peux dessiner, par exemple, des insectes qui assurent la pollinisation des plantes, comme des papillons ou des abeilles, et expliquer comment ils aident ces plantes. Tu peux aussi choisir des détritivores, ou encore certains des insectes dont les autres animaux se nourrissent. L'affiche que nous te présentons ici te donnera peut-être des idées !

En fouillant sur Internet ou à la bibliothèque, tu trouveras des renseignements sur beaucoup d'autres espèces d'insectes utiles.

Merci, les abeilles !

Les abeilles font de l'excellent miel.

Les abeilles produisent de la cire qui sert à fabriquer des bougies.

Les abeilles répandent du pollen sur les fleurs et aident ainsi de nouvelles plantes à pousser.

Les abeilles servent de nourriture à d'autres animaux.

Glossaire

alvéole Petit espace fermé

cocon Enveloppe de fil de soie que les chenilles tissent autour d'elles avant de se transformer en papillons

dard Organe pointu de certains insectes, avec lequel ils piquent et injectent un venin

microbe Minuscule organisme, invisible à l'œil nu, qui peut rendre les gens malades

nectar Liquide sucré qu'on trouve dans les fleurs

paludisme Maladie transmise par les moustiques, qui se caractérise par de fortes fièvres

pollen Poussière constituée de petits grains produits par les fleurs, et dont celles-ci ont besoin pour faire des graines et se reproduire

pollinisation Transport de pollen d'une plante à fleurs à une autre plante de la même espèce, ce qui permet la production d'une graine

sève Liquide qui circule dans les plantes et les nourrit

typhus Maladie transmise par les puces ou d'autres insectes, qui entraîne de la fièvre et des maux de tête

virus du Nil occidental Maladie transmise par les moustiques, qui entraîne de la fièvre, des maux de tête, des boutons et des rougeurs sur la peau

Index

For

Joy

Compiled by Evelyn Loeb

Illustrated by Larry K. Stephenson
Design by Arlene Greco

PETER PAUPER PRESS, INC.
WHITE PLAINS, NEW YORK

Thanks to Christina Anello for editorial assistance.

Text copyright © 1991, 1996
Peter Pauper Press, Inc.
202 Mamaroneck Avenue
White Plains, NY 10601
All rights reserved
Illustrations copyright © 1993, 1994
Larry K. Stephenson
ISBN 0-88088-731-1
Printed in China
12   11   10   9   8   7   6

Joy is not in things; it is
in us.

Richard Wagner

Of all the joys that lighten
suffering earth, what joy is
welcomed like a new-born
child?

Caroline Norton

When you respond to
something because it's so
beautiful, you're really
looking at the soul of the
person who made it.

Alice Walker

Why is it that we rejoice at a birth and grieve at a funeral? It is because we are not the person involved.

Mark Twain

What I was given was the thing you can't earn, and can't keep, and often don't even recognize at the time; I mean joy.

Ursula K. Le Guin

Joy to the world! the Lord
   is come:
Let earth receive her King;
Let ev'ry heart prepare
   Him room;
And heav'n and nature
   sing, . . .

Isaac Watts

Take joy home,
And make a place in thy great
    heart for her,
And give her time to grow,
    and cherish her;
Then will she come, and oft
    will sing to thee, . . .
It is a comely fashion to
    be glad;
Joy is the grace we say to God.

Jean Ingelow

Be happy. It's one way of being wise.

Colette

Sorrows remembered
sweeten present joy.
Robert Pollok

Grief can take care of itself;
but to get the full value of a
joy you must have some-
body to divide it with.

Mark Twain

Enjoy every moment;
pleasures do not commonly
last so long as life.

Lord Chesterfield

The pleasure of what we
enjoy is lost by coveting
more.

Daniel Defoe

People are always good company when they are doing what they really enjoy.

Samuel Butler

The secret of seeing is to
sail on solar wind. Hone
and spread your spirit, till
you yourself are a sail,
whetted, translucent,
broadside to the merest
puff.

Annie Dillard

Do you count your
birthdays thankfully?

Horace

To weep for joy is a kind
of manna.

George Herbert

It is by believing, hoping, loving, and doing that man finds joy and peace.

John Lancaster Spalding

Never miss a joy in this
world of trouble—that's
my theory! . . . Happiness,
like mercy, is twice blest:
it blesses those most
intimately associated with
it and it blesses all those
who see it, hear it, feel it,
touch it or breathe the same
atmosphere.

Kate Douglas Wiggin

It is only in sorrow bad weather masters us; in joy we face the storm and defy it.

Amelia Barr

The ones that give, get back
in kind.

Pam Durban

Who knows the joys of
   friendship?
The trust, security, and
   mutual tenderness,
The double joys where each
   is glad for both?

Nicholas Rowe

There are two things to aim at in life: first, to get what you want, and after that to enjoy it.

Logan Pearsall Smith

Men without joy seem
like corpses.

Käthe Kollwitz

Never put off enjoyment
because there's no time like
the pleasant.

Evan Esar

Stretch out your hand and
take the world's wide gift
of Joy and Beauty.
Corinne Roosevelt Robinson

Love to faults is always
blind,
Always is to joy inclin'd,
Lawless, wing'd, and
unconfin'd,
And breaks all chains from
every mind.

William Blake

They that sow in tears shall
reap in joy.

Psalms 126:5

On with the dance! let joy
be unconfined; . . .

Lord Byron

Show wisdom. Strain clear
the wine; and since life is
brief, cut short far-reaching
hopes! Even while we
speak, envious Time has
sped. Reap the harvest of
today, putting as little trust
as may be in the morrow.

Horace

Real joy, believe me, is a
serious matter.

Seneca

Joys too exquisite to last,
And yet more exquisite
when past.

James Montgomery

I consider the world as made for me, not me for the world. It is my maxim therefore to enjoy it while I can, and let futurity shift for itself.

Tobias Smollett

You have to sniff out joy,
keep your nose to the
joy-trail.

Buffy Sainte-Marie

Laughter is the joyous,
universal evergreen of life.
Abraham Lincoln

Nothing cheers me up like having understood something difficult to understand. I should try it more often.

Georg Christoph Lichtenberg

He enjoys much who is thankful for little. A grateful mind is a great mind.

T. Secker

My heart leaps up when
I behold
A rainbow in the sky.

William Wordsworth

Sweets with sweets war
not, joy delights in joy.
William Shakespeare

Joy is the most infallible
sign of the presence of God.

Leon Bloy

My mother had a great deal
of trouble with me but I
think she enjoyed it.

Mark Twain

Half the joy of life is in little
things taken on the run.

Victor Cherbuliez

There is no beautifier of
complexion, or form, or
behavior, like the wish to
scatter joy and not pain
around us.

Ralph Waldo Emerson

It is a fine seasoning for joy
to think of those we love.
Jean Baptiste Molière

Joy is a net of love by
which you can catch souls.

Mother Teresa

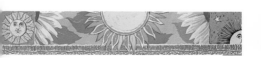

Pleasure without joy is as
hollow as passion without
tenderness.

Alan Jay Lerner

My theory is to enjoy life,
but the practice is against
it.

Charles Lamb

The joy of love is in loving,
and we are happier in our
own emotion than in the
passion we inspire.
La Rochefoucauld

It is not the end of joy that makes old age so sad, but the end of hope.

Jean Paul Richter

All who would win joy
must share it; happiness
was born a twin.

Lord Byron

Trust, faith, gravity,
magnetic fields, love. . . .
They add richness to all
our hours.

Erma J. Fisk

Joy comes, grief goes, we
know not how.

James Russell Lowell

Man is that he might have joy.

Joseph Smith

The physically fit can enjoy
their vices.

Lloyd Percival

People need joy quite as much as clothing. Some of them need it far more.

Margaret Collier Graham

Great joys, like griefs, are silent.

Shakerley Marmion

He has spent his life best
who has enjoyed it most;
God will take care that we
do not enjoy it any more
than is good for us.

Samuel Butler

Joy and sorrow are next
door neighbors.

Proverb

Enjoyment is not a goal,
it is a feeling that accom-
panies important ongoing
activity.

Paul Goodman

My crown is in my heart,
not on my head; not deck'd
with diamonds and Indian
stones, nor to be seen: my
crown is call'd content; a
crown it is that seldom
kings enjoy.

William Shakespeare,
Henry VI

How much better it is to weep at joy than to joy at weeping.

William Shakespeare,
Much Ado about Nothing

Who can enjoy alone?

John Milton

To really enjoy the better things in life, one must first have experienced the things they are better than.

Oscar Homolka

Joys do not happen to
the rich alone,
Nor he liv'd ill, that lived
and died unknown.

Horace

Joy is a fruit that Americans
eat green.

Amando Zegri

As one goes through life
one learns that if you don't
paddle your own canoe,
you don't move.

Katharine Hepburn

Live while you live, the
epicure would say,
And seize the pleasures of
the present day.

Doddridge

True enjoyment cannot be described.

Jean Jacques Rousseau

A joy that's shared is a joy made double.

English Proverb

Blessed are the joymakers.
Nathaniel Parker Willis